BEI GRIN MACHT SICH IHR WISSEN BEZAHLT

- Wir veröffentlichen Ihre Hausarbeit,
  Bachelor- und Masterarbeit

- Ihr eigenes eBook und Buch -
  weltweit in allen wichtigen Shops

- Verdienen Sie an jedem Verkauf

Jetzt bei www.GRIN.com hochladen
und kostenlos publizieren

Bibliografische Information der Deutschen Nationalbibliothek:

Die Deutsche Bibliothek verzeichnet diese Publikation in der Deutschen National-
bibliografie; detaillierte bibliografische Daten sind im Internet über http://dnb.d-
nb.de/ abrufbar.

Impressum:

Copyright © 2015 GRIN Verlag, Open Publishing GmbH
Druck und Bindung: Books on Demand GmbH, Norderstedt Germany
ISBN: 978-3-668-13126-2

Dieses Buch bei GRIN:

http://www.grin.com/de/e-book/314072/festplatte-oder-ssd-vor-und-nachteile-der-
speichermedien-im-vergleich

Marvin Gruell

Festplatte oder SSD? Vor- und Nachteile der Speicher-
medien im Vergleich

Ein Leitfaden zur Auswahl zwischen Hard Disk Drive und Solid State Drive

GRIN Verlag

GRIN - Your knowledge has value

Der GRIN Verlag publiziert seit 1998 wissenschaftliche Arbeiten von Studenten, Hochschullehrern und anderen Akademikern als eBook und gedrucktes Buch. Die Verlagswebsite www.grin.com ist die ideale Plattform zur Veröffentlichung von Hausarbeiten, Abschlussarbeiten, wissenschaftlichen Aufsätzen, Dissertationen und Fachbüchern.

Berufsbegleitender Studiengang

Wirtschaftsinformatik

Seminararbeit im Fach

IT-Infrastruktur

zum Thema

HDD vs. SSD

Autor:

		Semester
Marvin Grüll		4

Datum:

22.01.2015

Inhaltsverzeichnis

Abkürzungsverzeichnis

Abkürzung	Bedeutung
Aktor	Antriebselement
e.g.	exempli gratia (lat.: beispielsweise)
ESDI	Enhanced Small Disk Interface
GB	Gigabyte
HDD	Hard-Disk Drive
IT	Informationstechnologie
MLC	multi-level cell
SAS	Serial Attached SCSI
SATA	Serial Advanced Technology Attachment
SCSI	Small Computer System Interface
SLC	single-level cell
SSD	Solid-State-Drive
TB	Terrabyte
URL	Uniform Resource Locator
z.B.	zum Beispiel

Abbildungsverzeichnis

Tabellenverzeichnis

1. Einleitung

1.1. Einführung

Diese Hausarbeit behandelt den Vergleich zwischen Hard-Disk-Drives (HDD) und Solid-Disk-Drives (SSD). Zunächst wird, anhand der Problemstellung, der Scope der Hausarbeit definiert. Anschließend werden der Aufbau sowie die grundlegenden Eigenschaften für HDD-Festplatten dargestellt. Dies geschieht ebenfalls für SSD-Festplatten. Mithilfe dieser werden beide Festplattenarten gegenübergestellt sowie die Vor- und Nachteile herausgearbeitet. Abschließend erfolgen eine kritische Betrachtung des Themas sowie das Fazit.

1.2. Problemstellung

Heutzutage verwenden mehr als 80% aller Haushalte in Deutschland einen Computer[1]. Während früher Informationen auf Papier geliefert worden sind, wird mittlerweile alles automatisiert abgewickelt.[2] Je nach Nutzungsverhalten kann die Wahl einer geeignet Festplatte zu einem besseren Nutzungsverhalten führen. Aktuell fallen die Preise für SSD Festplatten stetig, und sind nun auch für Privatanwender erschwinglich[3]. Je nachdem welche Use-Cases Anwender mit ihrem Computer ausführen kann die Wahl der richtigen Festplatte entscheidende Vorteile bringen. Jeder Anwender der sich eine neue Festplatte zulegen möchte, sollte sich damit beschäftigen, welche Festplatte am besten seinen Anforderungen entspricht und von den Vorteilen der jeweiligen Festplatte profitieren kann.

---

[1] Vgl. Destatis (2013), S. 11
[2] Vgl. Ullenboom, C. (2011), S.1176
[3] Vgl. http://www.heise.de/newsticker/meldung/SSD-Preise-fallen-weiterhin-kraeftig-2152642.html, Stand 22.12.2014

1.3. Zielsetzung

Diese Hausarbeit soll einen Überblick vermitteln, wie beide Festplattentypen funktionieren, was die in die Mode kommende SSD-Festplatte zu bieten hat und für welche Zwecke welcher Festplattentyp besser geeignet ist. Mit diesem Leitfaden sollen Privatanwender und kleine Unternehmen in die Lage versetzt werden zu entscheiden, ob der Umstieg auf eine SSD Festplatte sinnvoll ist und ob sie sich vertiefend mit dem Thema zu beschäftigen sollen.

2. Scope der Hausarbeit

In der Arbeit soll ein Grundverständnis der beiden Festplattentypen vermittelt werden. Aufgrund dessen werden nur die wichtigsten Aspekte der beiden Typen angesprochen und evtl. tieferführende Informationen müssen über weiterführende Quellen herangezogen werden. Wenn in der Hausarbeit von Festplatten gesprochen wird geht der Autor von aktuell erhältlichen Festplatten aus. Der historische Hintergrund beider Systeme ist nicht Bestandteil dieser Arbeit, da er keinen Einfluss, auf die Entscheidung welche Festplatte man kaufen soll, besitzt. Abweichungen bei älteren Modellen werden nicht betrachtet. Die Hausarbeit betrachtet die Unterschiede von SSD und HDD Festplatten. Die Quellen wurden so gewählt, um einen möglichst aktuellen Stand der Technik zu vermitteln. Daraus folgt, dass Literaturquellen nur dann zu Rate gezogen worden sind, sofern sie aktuell noch gültig sind und nicht durch neue Technologien obsolet wurden.

3.   Aufbau und Funktionsweise einer HDD

Dieses Kapitel behandelt Hard-Disk-Drive Festplatten. Das Kernprinzip dieser Festplatte ist die Nutzung eines magnetischen Speichermediums. Im Folgenden wird auf die Besonderheiten dieser Bauart eingegangen. Eine HDD besitz vereinfacht gesehen eine oder mehrere rotierende Magnetplatten, welche an einer Achse (Spindel) übereinander montiert sind. Ein oder mehrere Leseköpfe werden durch einen Aktor betrieben und somit an die Position gebracht, an der Daten gelesen/geschrieben werden sollen. Neben der Stromversorgung gibt es weitere Externe Anschlüsse. Aktuell erhältliche Festplatten besitzen in der Regel einen SATA-Anschluss, seltener ESDI, SCSI, SAS oder Fibre-Channel-Interface.

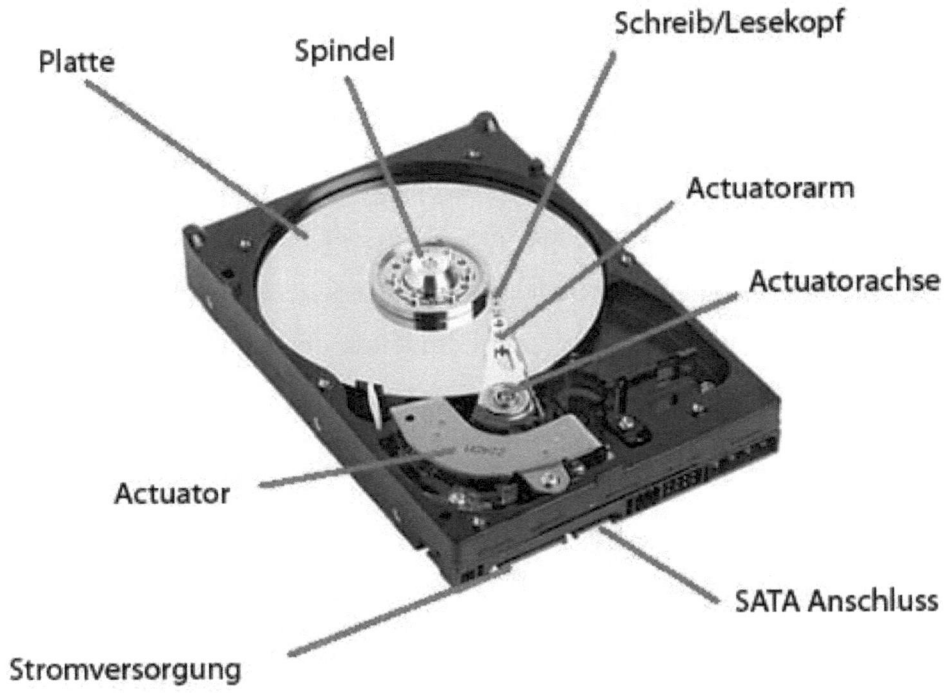

Abbildung 1 Aufbau HDD[4]

---

[4]Vgl. http://www.technic3d.com/article/pics/919/HDD_Technische_Daten.jpg, Stand 22.12.2014

3.1. Aufbau der Magnetplatte

Die Magnetplatte zum Speichern der Daten besteht ja nach Datendichte aus einer Aluminium-Legierung oder auf Magnesium-Legierungen. Bei einer besonders hohen Datendichte wird Glas verwendet.[5] Auf diese Scheibe wird die leitende Schicht aufgetragen, welche aus Eisenoxid oder Kobalt besteht. Zum zusätzlichen Schutz wird eine Deckschicht aus Kohlenstoff aufgetragen. Dieses sog. carbon overcoat dient dem Schutz vor mechanischen Beschädigungen.[6] Physisch werden die Platten in Spuren beschrieben, die sich typischerweise auf beiden Plattenseiten befindet. Liegen Spuren übereinanderliegender Platten auf selber Höhe werden sie logisch zu Zylindern zusammengefasst.

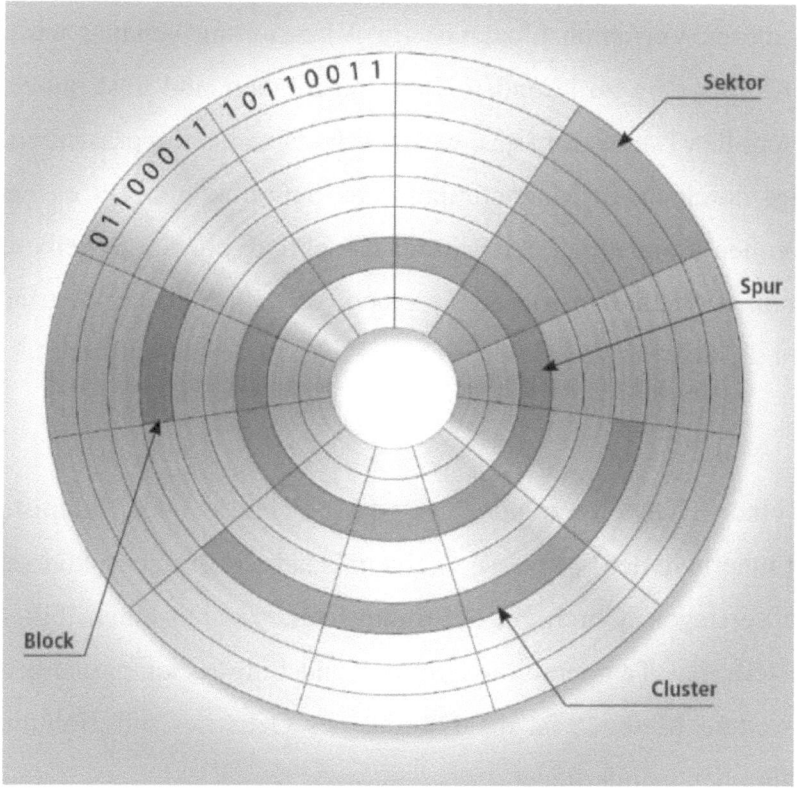

Abbildung 2 Plattenstruktur HDD[7]

Jede Spur wird in logische Blöcke aufgeteilt, welche eine Größe von 512 bis 4096 Byte besitzen. Aktuelle Festplatten verwenden in der Regel 4096 Byte. Blöcke werden zu Clustern zusammengefasst, um eine leichtere Adressierung zu ermöglichen. Die endgültige Auflösung von einem Cluster zum eigentlichen Block erfolgt erst im

---

[5]Vgl. http://www.pcguide.com/ref/hdd/op/mediaMaterials-c.html, Stand 22.12.2014
[6]Vgl. Glenn, A. M. (2013), S. 123
[7]Vgl. http://www.com-magazin.de/img/1/0/7/8/5/3/02-Plattenstruktur_w586_h600.png, Stand 29.12.2014

Hardwaretreiber. Die verwendete Plattenstruktur ist mittlerweile nur noch dem Festplattencontroller bekannt und wird gegenüber dem Festplattentreiber und dem Betriebssystem gekapselt.

3.2. Lese- und Schreibvorgang

Das Lesen und Schreiben der Daten auf den Magnetplatten erfolgt über die Lese- und Schreibköpfe. Diese bestehen aus einem Elektromagnet, der durch Magnetisierung der Scheibenoberfläche Daten schreibt. Die sich mit 5.400 bis 15.000 Umdrehungen pro Minute drehenden Platten erzeugen ein Luftpolster, auf dem die Schreibköpfe schweben. Wie oben beschrieben liegen die Daten in sogenannten Blöcken vor. Ein Block kann nur ganz gelesen oder beschrieben werden. Ein Zugriff auf einzelne Bits ist nicht möglich, weswegen dieses Verfahren blockbasierte Adressierung genannt wird. Der Schreib-/Lesekopf wird über dem zu lesenden Block positioniert und liest mittels der Magnetisierung einen seriellen Datenstrom aus, welcher die Nutzdaten repräsentiert. Der Schreibvorgang erfolgt durch einen Magnetimpuls des Schreibkopfs. Da es bei einem Stromausfall vorkommen könnte, das der Schreib-/Leseköpfe auf der Scheiben-Oberfläche aufkommen können (Head-Crash) wird in einem solchen Fall, der Antrieb als Generator geschaltet um die Schreib-/Leseköpfe in eine Parkposition zu befördern.[8]

3.3. Gehäuse

Ebenfalls wichtig für eine HDD Festplatte ist das Gehäuse. Da kleinste Verunreinigungen der Luft innerhalb der Festplatte zu einem Head-Crash führen können ist das Gehäuse staubdicht versiegelt. Durch ein Belüftungsloch, was mit einem Filter versehen ist wird sichergestellt, das Temperaturänderungen und Luftdruckanpassungen stattfinden können. Eine weitere Methode ist die Füllung des Gehäuses mit Helium. Dadurch können Platten näher beieinanderliegen.[9]

---

[8]Vgl.
http://www.hgst.com/tech/techlib.nsf/techdocs/85CC1FF9F3F11FE187256C4F0052E6B6/$file/80GNSpe
c2.0.pdf, Stand 23.12.2014
[9]Vgl. http://www.tomshardware.de/HGST-Helium,news-248133.html, Stand 23.12.2014

4. Aufbau und Funktionsweise einer SSD

Ein Solid State Drive (SSD) ist ein Massenspeicher und hat im Gegensatz zur HDD keine mechanischen Bauteile. Als Speichermedium wird ein Flash-Speicher genutzt. Die meisten Hersteller verwenden NAND-Flashs, da diese kostengünstig sind und die besten Zugriffszeiten besitzen.[10] Diese finden ebenso Anwendung in Digitalkameras, Tablets oder USB-Laufwerke. Anders als bei HDDs müssen keine mechanischen Teile durch Motoren bewegt werden, was dazu führt, dass eine SSD geräuschlos arbeitet und kürzere Zugriffszeiten aufweist.

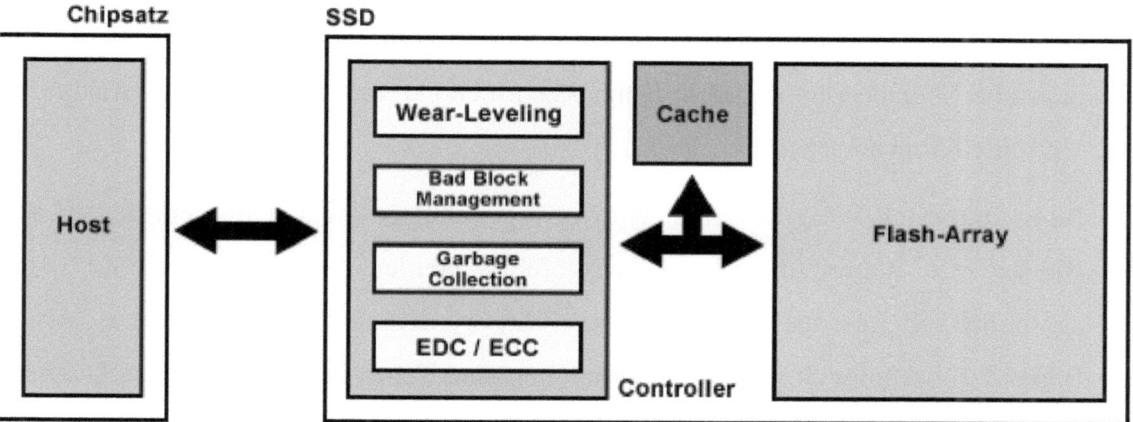

Abbildung 3 Aufbau SSD[11]

4.1. Lese- und Schreibvorgang

Ähnlich der HDD werden auch bei SSDs keine einzelnen Bits gelesen. Je nach Flash-Controller werden 2-4kByte Nutzdaten ausgelesen und im Cache gespeichert. Schreibvorgänge sind weitaus komplizierter, da Flash-Speicher blockbasiert arbeitet und immer nur komplette Blöcke 128 – 512 kByte geschrieben werden können. Vor dem Neubeschreiben des Blocks wird der Inhalt mit einer hohen Löschspannung gelöscht. Das Nutzungsverhalten von Privatpersonen weißt jedoch deutlich mehr Lesezugriffe als Schreibzugriffe auf, sodass es nicht kritisch ist, dass ein Schreibvorgang länger dauert. Zusätzlich verwenden manche SSDs das Verfahren Native Command Queuing, wodurch mehrere Schreibzugriffe so auf die einzelnen Blöcke verteilt werden, dass weniger Schreiboperationen notwendig sind[12].

[10]Vgl. http://www.kingston.com/de/community/articledetail/articleid/12?Article-Title=NAND-Flash-Technology-and-Solid-State-Drives-SSDs, Stand 29.12.2014
[11]Vgl. http://www.elektronik-kompendium.de/sites/com/bilder/11050911.gif, Stand 29.12.2014
[12]Vgl. http://www.elektronik-kompendium.de/sites/com/1105091.htm, Stand 29.12.2014

4.2. Wear-Leveling

Eines der Hauptprobleme bei SSDs ist die begrenzte Haltbarkeit einer Speicherzelle, welche je nach Qualität 1.000 – 100.000 Speichervorgänge überlebt. Das Wear-Leveling sorgt dafür, dass eine SSD möglichst lange einsatzfähig bleibt. Hier unterscheidet man zwischen dynamischen und statischen Wear-Leveling. Hierfür verwaltet der Controller zusätzlich zu jeder Speicherzelle die Anzahl bisheriger Speicheroperationen sowie ein Mapping von logischen und physischen Speicherorten.[13]

Beim Dynamischen Wear-Leveling wird bei jeder Schreiboperation die Speicherzelle ermittelt die über die wenigsten Schreibzugriffe verfügt. Dadurch wird sichergestellt, dass alle Speicherzellen gleichmäßig beschrieben werden, wodurch ein Ausfall durch Verschleiß unwahrscheinlicher wird.

Beim statischen Wear-Leveling, wird in regelmäßigen Abständen geprüft, auf welche Blöcke oft Schreiboperationen ausgeführt werden und auf welchen Blöcken ausschließlich Leseoperationen durchgeführt werden und vertauscht diese. Als gutes Beispiel für regelmäßige Schreiboperationen sind Temp-Dateien, wogegen Dateien von Programmen und des Betriebssystem in der Regel ausschließlich gelesen werden.

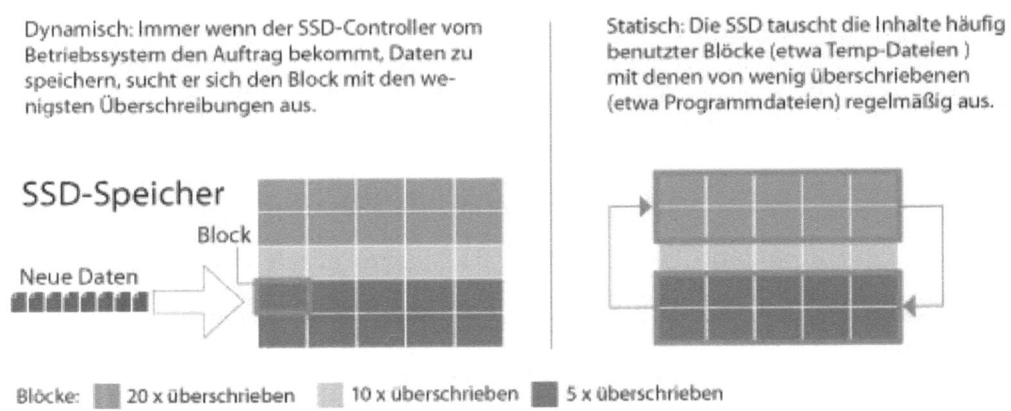

Abbildung 4 Wear-Leveling[14]

[13]Vgl. Micheloni, R.; Marelli, A.; Eshgi, K. (2013), S.255
[14]Vgl. http://www.chip.de/ii/241007080_d363a3ba94.png, Stand 29.12.2014

4.3.   Bad Block Management / Defect Management

Trotz Wear-Leveling kann es zu Abnutzung von Speicherzellen kommen und diese können Ausfallen. Geschieht dies oder ist eine Zelle kurz vor dem Ausfall, wird der ganze Zellenblock als fehlerhaft markiert. Als Ersatz wird ein Zellenblock aus der Reserve genommen. Je nachdem ob die SSD mit MLCs oder SLCs arbeitet, sind 5-7 % der Festplattenkapazität als Reserveblöcke verfügbar.[15]

4.4.   Error Correction Code / Error Detection Code

Der ECD, bzw. EDC dient zum Auffinden von Bitfehlern. Während bei MLC-SSDs 24 Bit für 1 kByte Nutzdaten verwendet werden benutzen SLC-SSDs nur 8 Bit für 512 Byte Nutzdaten. Da Bitfehler bei MLC-SSDs häufiger auftreten werden hier genauere Prüfungen durchgeführt.[16]

4.5.   SSD Schnittstellen

Bei SSDs macht es Sinn sich die möglichen Schnittstellen anzuschauen. Durch den schnellen Lesezugriffe auf den Flash Speicher ist es schnellen SSDs möglich Daten bis zu 2 GByte/s zu lesen, was schneller ist als die aktuellen Schnittstellen unterstützen. Aktuell verwenden die meisten SSDs SATA 6G intern, auch wenn die eigentliche Anbindung über PCIe realisiert wurde. Steckverbindungen sind jeweils für m.2 und SATAe verfügbar. Um SSDs vernünftig nutzen zu können wird in der Zukunft PCIe genutzt, welches in der aktuellsten Version 1.000 1.000 MByte/s/Lane unterstützt, wodurch auch schnelle SSDs vernünftig genutzt werden können.

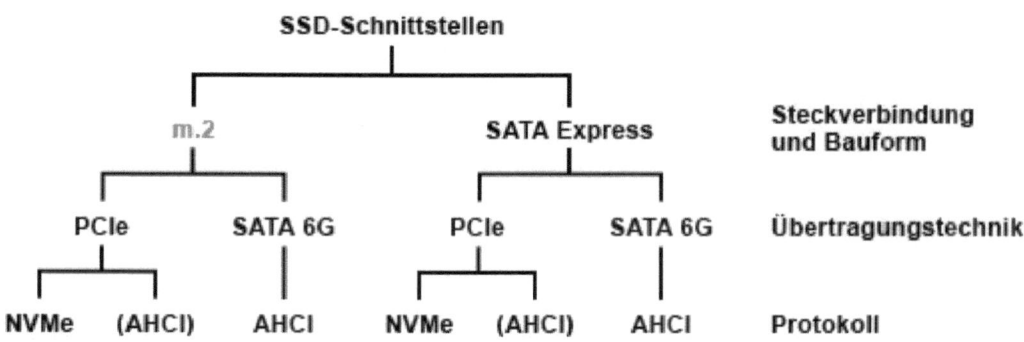

Abbildung 5 SSD Schnittstellen[17]

---

[15]Vgl. Michelone, R.; Crippa, L.; Marelli, A. (2010), S.42
[16]Vgl. http://www.elektronik-kompendium.de/sites/com/1504141.htm, Stand 29.12.2014
[17]Vgl. http://www.elektronik-kompendium.de/sites/com/bilder/19063011.gif, Stand 29.12.2014

5.   HDD vs. SSD

Anhand dem Aufbau, sowie die Funktionsweise von HDDs und SSDs lassen sich folgende Vor- und Nachteil ableiten. Als Kriterien werden folgende Eigenschaften von Festplatten überprüft, da diese für Privatnutzer, sowie kleine Unternehmen von Relevanz sind.

- Datenrettung
- Geschwindigkeit
- Kapazität
- Preis
- Robustheit
- Lebensdauer
- Stromverbrauch

5.1.   Datenrettung

Werden auf einer Festplatte wichtige Daten gespeichert so werden diese in der Regel durch andere Backup Mechanismen geschützt. Für große Unternehmen ist dies selbstverständlich, allerdings nutzen Privatpersonen oder kleine Unternehmen dies nicht, da die Kosten selten tragbar sind. Werden nach dem Ausfall einer Festplatte die Daten dennoch benötigt, ist eine Datenrettung von einer HDD leichter als von einer SSD. Dies liegt unter anderem daran, dass SSDs ihre Daten verschlüsseln, und nach dem Defekt des Controller nur sehr schwer zu rekonstruieren sind. Des Weiteren verwenden unterschiedliche Controller auch unterschiedliche Algorithmen zum Speichern der Daten im Flash Speicher. [18]Wer allerdings Wert auf Datensicherung legt, sollte bereits im Vorfeld aktiv werden und seine Daten entsprechend sichern.

---

[18]Vgl. http://www.computerwoche.de/a/die-geheimen-schwaechen-der-ssd,2501912,2, Stand 29.12.2014

5.2. Geschwindigkeit

Da die Geschwindigkeit das Vorzeigemerkmal der SSD ist, ist es nicht verwunderlich, dass SSDs bedeutend schneller als HDDs sind. Durch den Wegfall von Lese-/Schreibköpfen entfällt der mechanische Aufwand zum Adressieren der Speichereinheit, welche verhältnismäßig viel Zeit in Anspruch nimmt.

Die folgende Grafik vergleicht 4 handelsübliche Festplatten (2 SSDs, 2 HDDs) untereinander. Getestet werden Standard Use-Cases wie der Start des Webbrowsers, Start einer Entwicklungsumgebung oder die Zeit bis zum Login.

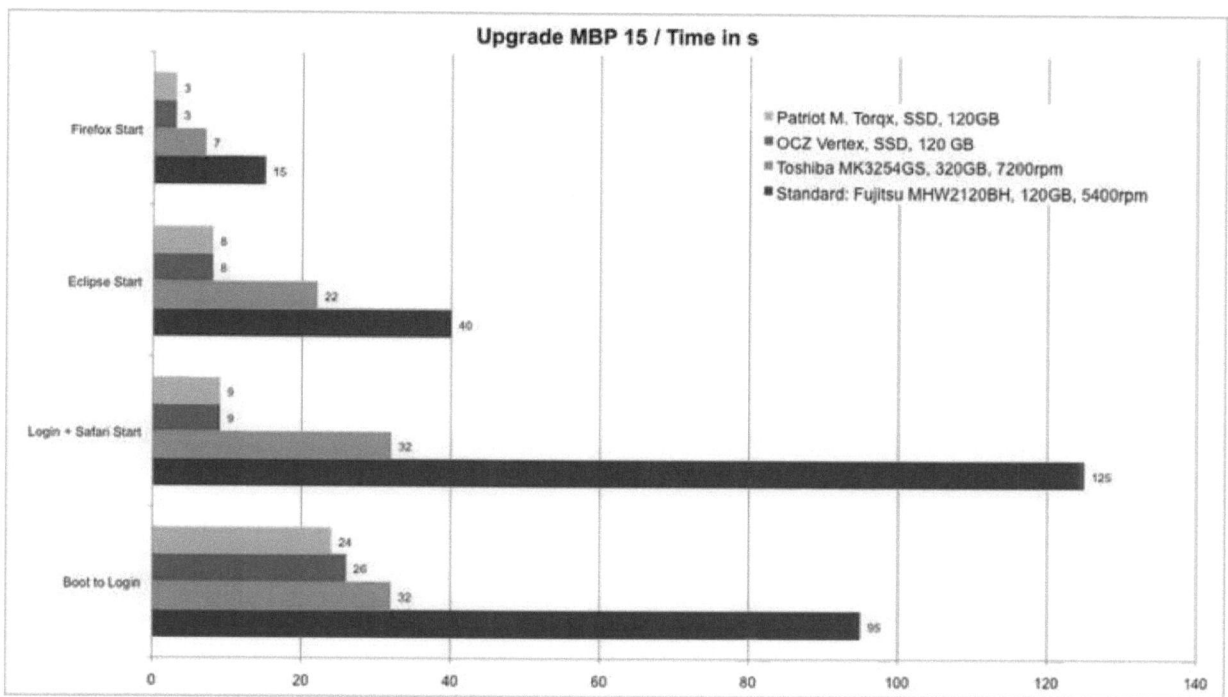

Abbildung 6 Festplattenvergleich Geschwindigkeit[19]

Wie zu erkennen ist, sind beiden SSD Festplatten deutlich schneller Zugriffszeiten als die HDDs. Geht es also um die schnelle Ausführung von Programmen mit möglichst wenig Wartezeit schlägt eine SSD eine HDD um Längen.

---

[19]Vgl. http://www.notebookcheck.com/fileadmin/_migrated/pics/upgrade_mbp_hdd_ssd_01.jpg, Stand 29.12.2014

5.3. Kapazität

Während SSDs deutlich bei der Geschwindigkeit überzeugen, tun dies HDDs im Bereich der Kapazität. Eine aktuelle HDDs bietet Platz für 1 - 4 TB Nutzdaten, eine SSD kommt nur auf 100 – 500 GB. Ebenfalls gibt es einen deutlichen Unterschied bei den Kosten pro Gigabyte. Bei einer HDD liegt dieser bei 3-7 Cent, während bei einer SSD schon 65-81 Cent pro GB notwendig sind.

SSD, HDD und Hybrid: Preise im Vergleich (Stand: Juni 2013)	Preis (Euro)	GB-Preis (Cent)
Seagate Barracuda 7200 3000GB (3,5 Zoll HDD)	100	3
Western Digital Scorpio Blue WD10JPVT (2,5 Zoll HDD)	65	7
Seagate Momentus XT 750GB (2,5 Zoll Hybrid)	95	14
Kingston SSDNow 200 V+ 240GB (2,5 Zoll SSD)	145	65
Samsung 840 Pro 512GB (2,5 Zoll SSD)	385	81

Abbildung 7 Kapazitätsvergleich SSD HDD[20]

---

[20]Vgl. http://www.pcwelt.de/produkte/SSD-versus-Festplatte-Preis-398568.html, Stand 29.12.2014

5.4. Preis

Wie bereits mehrfach angesprochen sind HDD Festplatten günstiger als SSD Festplatten auch wenn auf dem aktuellen Markt die SSD Preise kontinuierlich sinken. Vergleicht man die GB-Preise so wird deutlich, dass SSD Festplatten nicht zum Speicher großer Bilder oder Musiksammlungen ausgelegt sind, wenn man nicht bereits ist mehr Geld dafür auszugeben. Anbei die Kosten pro Gigabyte aus dem Jahre 2012 die zeigen, dass es auch innerhalb von SSDs größere Preisspannen vorliegen.

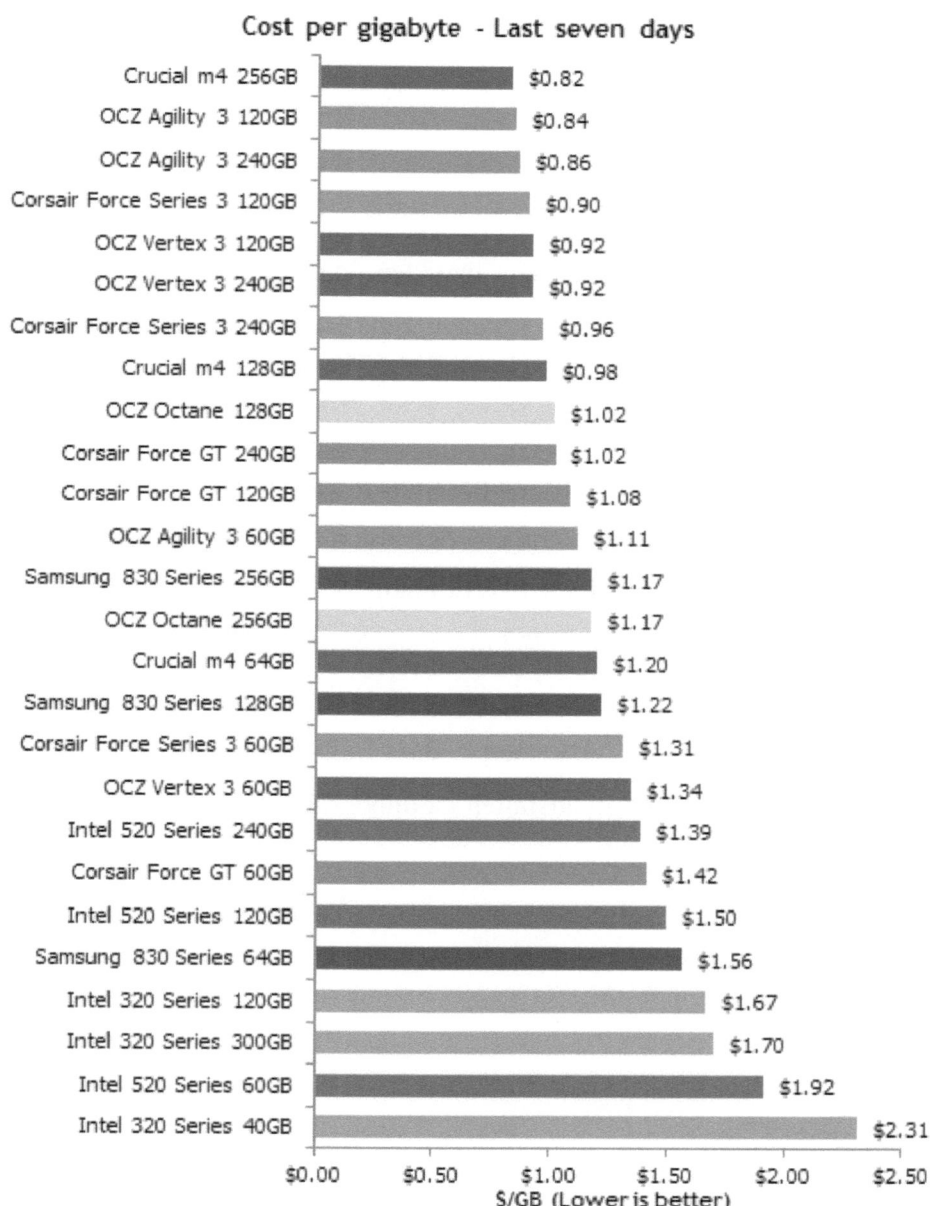

Abbildung 8 Kosten Gigabyte aus dem Jahr 2012[21]

---

[21]Vgl. http://techreport.com/r.x/2012_6_21_SSD_prices_in_steady_decline/costper.gif, Stand 3012.2014

5.5.   Robustheit

HDDs können durch Erschütterung während des Betriebs fatale Schäden nehmen, wenn die Schreib-/Leseköpfe durch die Krafteinwirkung auf den Magnetplatten aufsetzen.[22] Aus diesem Grund bieten sich SSDs gerade für Notebooks an, da diese während dem Betrieb häufiger bewegt werden und diese unempfindlicher gegen Erschütterungen ist. Für Desktop-PCs ist die Robustheit der Festplatte nicht relevant, da dieser während des Betriebs nicht bewegt wird. Im Bereich der externen Festplatten gibt es extra an Extremverhältnisse angepasste Festplatten, die Staub, Wasserspritzer und höhere Temperaturen überstehen.

5.6.   Lebensdauer

Eine HDD hat keine Angabe von Schreibzyklen, da die Magnetplatten theoretisch unendlich oft neu magnetisiert werden können. Eine HDD fällt irgendwann aus, da die gesamte Mechanik einem Verschleiß unterliegt. Bei SSDs sind die Speicherzellen nur begrenzt beschreibbar, was in der Praxis allerdings wenig Auswirkungen hat, da Privatanwender selten so viele Schreiboperationen ausführt um an die Grenze der Lebenszeit der Speicherzellen zu kommen. Bei einem Test des PC-Magazins wurden SSDs mit mehreren TByte an Daten beschrieben. Nach ihrem Ergebnis würden die Speicherzellen auch nach mehr als 10 Jahren noch funktionieren. [23] Dagegen halten HDD Festplatten bei exzessiver Nutzung nur etwa halb so lang wie der Cloud Anbieter BackBlaze herausgefunden hat.[24] Die Angst, dass SSD Festplatten also aufgrund ihrer endlichen Schreibzyklen frühzeitig ausfallen ist unbegründet und der Ausfall einer HDD in derselben Zeit ist wahrscheinlicher.

---

[22]Vgl. Chen, B. M.; Lee, T. H.; Peng, K..; Venkataramanan, V. (2006), S.12
[23]Vgl.   http://www.pc-magazin.de/news/ssd-test-langzeit-lebensdauer-samsung-kingston-corsair-intel-1898024.html, Stand 29.12.2014
[24]Vgl. http://blog.backblaze.com/2013/11/12/how-long-do-disk-drives-last/, Stand:30.12.2014

5.7. Stromverbrauch

Eine HDD verbraucht den meisten Strom zur Rotation der Magnetplatten, so wie zur Positionierung der Schreib-/Leseköpfe. Dies fällt bei der SSD weg, wodurch diese weniger Strom verbrauchen als HDDs. Moderne HDDs verbrauchen mittlerweile allerdings auch wenig bis kaum Last, wie der Test zeigt, bei dem die Gesamtstromaufnahme eines Notebooks gemessen wurde, mit unterschiedlichen Festplatten.

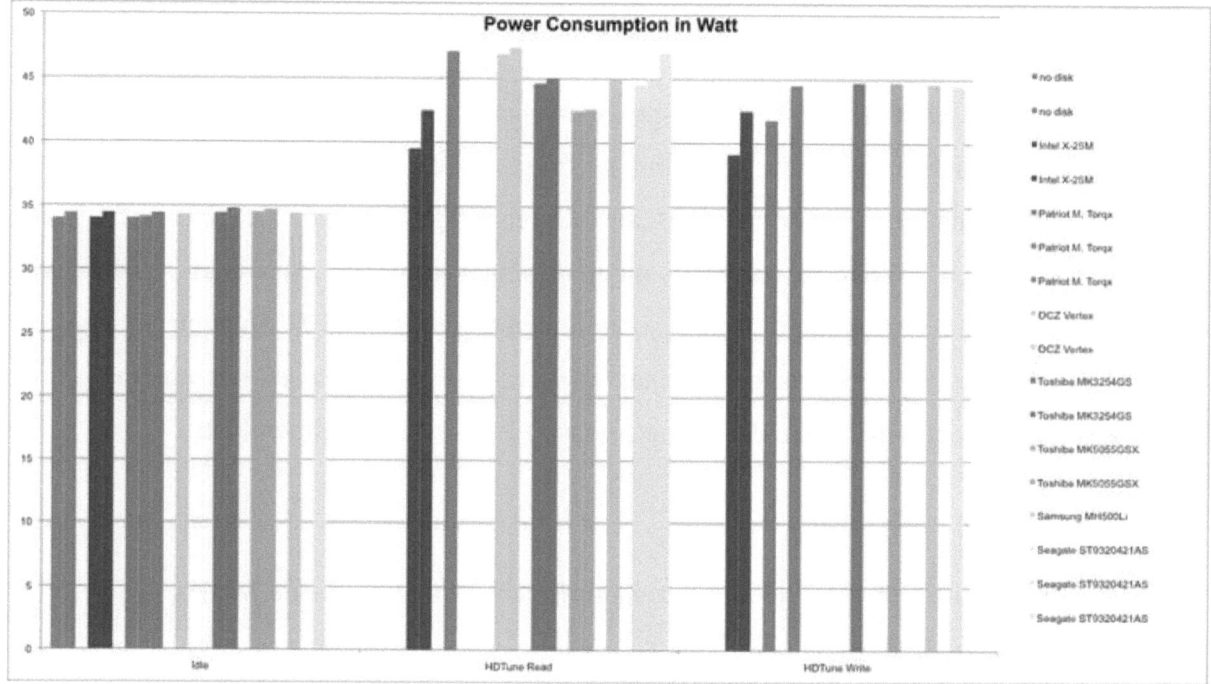

Abbildung 9 Stromverbrauch SSD HDD[25]

Zu erkennen ist, dass HDD Festplatten sich im Stromverbrauch allerdings kaum von SSDs unterscheiden. Dadurch, dass SSDs schneller als HDDs sind verbringen sie mehr Zeit im Idle-Zustand, was letztendlich eine Stromersparnis bringt.[26]

[25]Vgl.
http://www.notebookcheck.com/fileadmin/_processed_/csm_power_consumption_01_2baf85424d.jpg, Stand 30.12.2014
[26]Vgl. http://www.notebookcheck.com/SSD-versus-HDD-im-Vergleich.18732.0.html, Stand 30.12.2014

6.   Kritische Betrachtung

In dieser Ausarbeitung beschreibt der Autor die Funktionsweise von SSD- und HDD-Festplatten und vergleicht diese. Es folgt eine Auswahl von Kriterien, die essenzielle Punkte des Themas abbilden und in den meisten Privathaushalten eine ernstzunehmende Rolle spielen.

Die Gewichtung dieser Merkmale muss von jedem Nutzer selbst vorgenommen und um weitere Punkte ergänzt werden, die in dieser Arbeit nicht betrachtet werden konnten, jedoch für den Jeweiligen von großer Bedeutung sind.

In dieser Arbeit werden historische Aspekte der beiden Bauarten nicht betrachtet. Eine wichtige aber nicht in der Arbeit behandelte Frage für die Wahl des Speichermediums ist die Verwendung einer Cloud als Datenablage, sowie der Einsatz von Hybridfestplatten. Weiterhin konnte nicht beachtet werden, dass sich Vor- und Nachteile verschieben, wenn Nutzer besondere Anforderungen an Festplatten stellen die von Herstellern nur nebenläufig beachtet werden. Die Arbeit endet mit einem Fazit, indessen dargelegt wird, wann der Einsatz einer SSD Festplatte lohnend ist.

7.   Fazit

Fasst man nun die Vor- und Nachteile zusammen erhält man folgende Matrix:

Tabelle 1 Vor- und Nachteile SSD HDD

Vorteile/Nachteile	HDD	SSD
Datenrettung	x	
Geschwindigkeit		x
Kapazität	x	
Preis	x	
Robustheit		x
Lebensdauer		x
Stromverbrauch		x

Durch die sinkenden Preise bei SSDs eröffnen sich vor allem für kleinere Unternehmen und Privathaushalte neue Chancen performant und leistungsstark zu arbeiten. Für diese Zielgruppen sind vor allem Geschwindigkeit und Lautstärke relevant und hier sind SSDs HDDs deutlich überlegen. Die Merkmale, bei denen eine HDD eine SSD übertrifft sind für die Privathaushalte nur bedingt relevant. Alleine der Preis und die geringere Kapazität von SSDs sind ein Argument für HDDs, wodurch man hier eine Auswahl treffen sollte die seinen Bedürfnissen entspricht. Eine weitere Möglichkeit ist der Einsatz einer SSD als primäre Festplatte für das Betriebssystem und häufig genutzte Programme, sowie eine größere HDD Festplatte zum Speichern von Musik, Bildern und Filmen.[27] Durch den Aufschwung der SSD Festplatten werden die Preise weiterhin sinken, so dass davon auszugehen ist, dass die SSD Festplatte langfristig die HDD Festplatten ersetzen wird.[28]

---

[27]Vgl. http://hardwrk.com/anleitung/migrationsanleitung/, Stand 23.12.2014
[28]Vgl. http://www.computerwoche.de/a/hybrid-festplatten-und-ssds-im-aufwind,2532939, Stand 23.12.2014

Literaturverzeichnis

Bücher

Chen, B. M.; Lee, T. H.; Peng, K.; Venkataramanan, V. (2006): Hard Disk Drive Servo Systems, 2. Aufl., London 2006

Destatis (2013): Private Haushalte in der Informationsgesellschaft – Nutzung von Informations- und Kommunikationstechnologien, 1. Aufl., Wiesbaden 2013

Glenn, A.M. (2013): Investigation into the Influence of Carbon Contamination on the Corrosion Behavior of Aluminum Microelectrodes and AA2024-T3, 1. Aufl., New York 2013

Micheloni, R.; Marelli, A.; Eshgi, K. (2013): Inside Solid State Drives (SSDs), 1.Aufl. London 2013

Micheloni, R.; Crippa, L.; Marelli, A. (2010): Inside NAND Flash Memories, 1.Aufl. London 2010

Ullenboom, C. (2011): Java ist auch eine Insel: Das umfassende Handbuch, 10. Aufl., Bonn 2011

Internetquellen

Beach, B., Backblaze (2014): How long do disk drives last?, URL: https://www.backblaze.com/blog/how-long-do-disk-drives-last/, Stand:30.12.2014

Brüggemann, M., hardwrk GmbH (2014): Migrationsanleitung, URL: http://hardwrk.com/anleitung/migrationsanleitung/, Stand 23.12.2014

Crandall, C., Kingston (2014): NAND Flash Technology and Solid State Drives (SSDs), URL: http://www.kingston.com/de/community/articledetail/articleid/12?Article-Title=NAND-Flash-Technology-and-Solid-State-Drives-SSDs, Stand 29.12.2014

Ehrschwendner, N., Computerwoche (2014): Die geheimen Schwächen der SSD, URL: http://www.computerwoche.de/a/die-geheimen-schwaechen-der-ssd,2501912,2 , Stand 29.12.2014

Freune, E., Elektronik Kompendium (2012): ECC - Error Correcting Code, URL: http://www.elektronik-kompendium.de/sites/com/1504141.htm, Stand 29.12.2014

Freune, E , Elektronik Kompendium (2013): SSD - Solid State Drive, URL: http://www.elektronik-kompendium.de/sites/com/1105091.htm, Stand 29.12.2014

Hauptfleisch, K., Computerwoche(2014): Hybrid-Festplatten und SSDs im Aufwind, URL: http://www.computerwoche.de/a/hybrid-festplatten-und-ssds-im-aufwind,2532939, Stand 23.12.2014

Hinum, K., Notebookcheck Publishing GmbH (2012): SSDs und HDDs im Vergleich, URL: http://www.notebookcheck.com/SSD-versus-HDD-im-Vergleich.18732.0.html, Stand 30.12.2014

Hitachi Global Storage Technologies(2003): Hard Disk Drive Specification Hitachi Travelstar 80GN, URL: http://www.hgst.com/tech/techlib.nsf/techdocs/85CC1FF9F3F11FE187256C4F0052E6 B6/$file/80GNSpec2.0.pdf, Stand 23.12.2014

Nguyen, T. PC Magazin(2013): Überraschend positive Ergebnisse im dreimonatigen Flashspeicher-Test, URL: http://www.pc-magazin.de/news/ssd-test-langzeit-lebensdauer-samsung-kingston-corsair-intel-1898024.html, Stand 29.12.2014

PC Guide(2014): Platter Substrate Materials, URL: http://www.pcguide.com/ref/hdd/op/mediaMaterials-c.html, Stand 22.12.2014

Schmelzle, M., PC Welt(2013): SSD und klassische Festplatte im Vergleich, URL: http://www.pcwelt.de/produkte/SSD-versus-Festplatte-Preis-398568.html, Stand 29.12.2014

Stiller, A., Heise(2014): SSD-Preise fallen weiterhin kräftig, URL: http://www.heise.de/newsticker/meldung/SSD-Preise-fallen-weiterhin-kraeftig-2152642.html, Stand 22.12.2014

Wellendorf, M., Tom's hardware(2012): HGST pumpt Helium in Festplatten, URL: http://www.tomshardware.de/HGST-Helium,news-248133.html#HGST-Helium%2Cnews-248133.html?&_suid=142125674341602411428897523S082, Stand 23.12.2014